Impressum
Verlag: BABADADA GmbH, Nedderfeld 112 , 22529 Hamburg
Geschäftsführer / Verlagsleitung: Harald Hof
Druck: Books on Demand GmbH, In de Tarpen 42, 22848 Norderstedt

Imprint
Publisher: BABADADA GmbH, Nedderfeld 112 , 22529 Hamburg, Germany
Managing Director / Publishing direction: Harald Hof
Print: Books on Demand GmbH, In de Tarpen 42, 22848 Norderstedt, Germany

xue xiao

sekolah

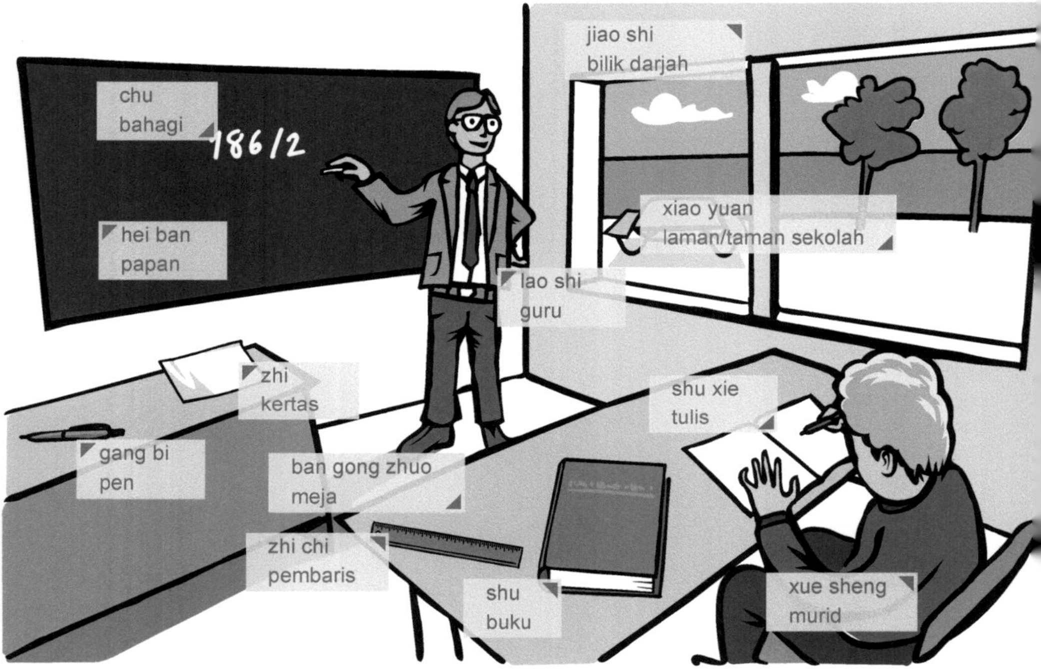

jiao shi
bilik darjah
chu
bahagi
186/2
hei ban
papan
xiao yuan
laman/taman sekolah
lao shi
guru
zhi
kertas
shu xie
tulis
gang bi
pen
ban gong zhuo
meja
zhi chi
pembaris
shu
buku
xue sheng
murid

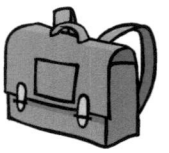

shu bao

beg galas

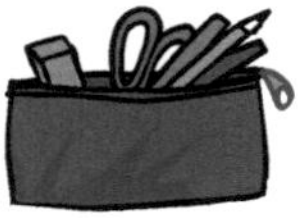

qian bi he

kotak pensel

qian bi

pensel

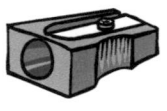

juan bi dao

pengasah pensel

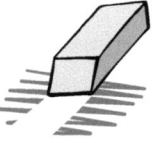

xiang pi ca

pemadam

hua ban

kertas lukisan

tu hua

melukis

hua bi

berus lukis

yan liao he

kotak warna

jian dao

gunting

jiao shui

gam

lian xi ce

buku latihan

jia ting zuo ye

kerja rumah

12

shu zi

nombor

2+2

jia

tambah

5-2

jian

tolak

2×2

cheng

darab

ji suan

kira

A

zi mu

huruf

ABCDEFG
HIJKLMN
OPQRSTU
VWXYZ

zi mu biao

abjad

hello

zi

kata

ke wen

teks

du

baca

fen bi

kapur

shang ke

pelajaran

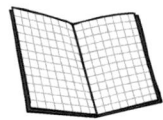

deng ji

daftar

kao shi

peperiksaan

zheng shu

sijil

xiao fu

uniform sekolah

jiao yu

pendidikan

bai ke quan shu

ensiklopedia

da xue

universiti

xian wei jing

mikroskop

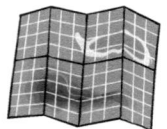

di tu

peta

fei zhi kuang

bakul sampah

lü xing
berjalan

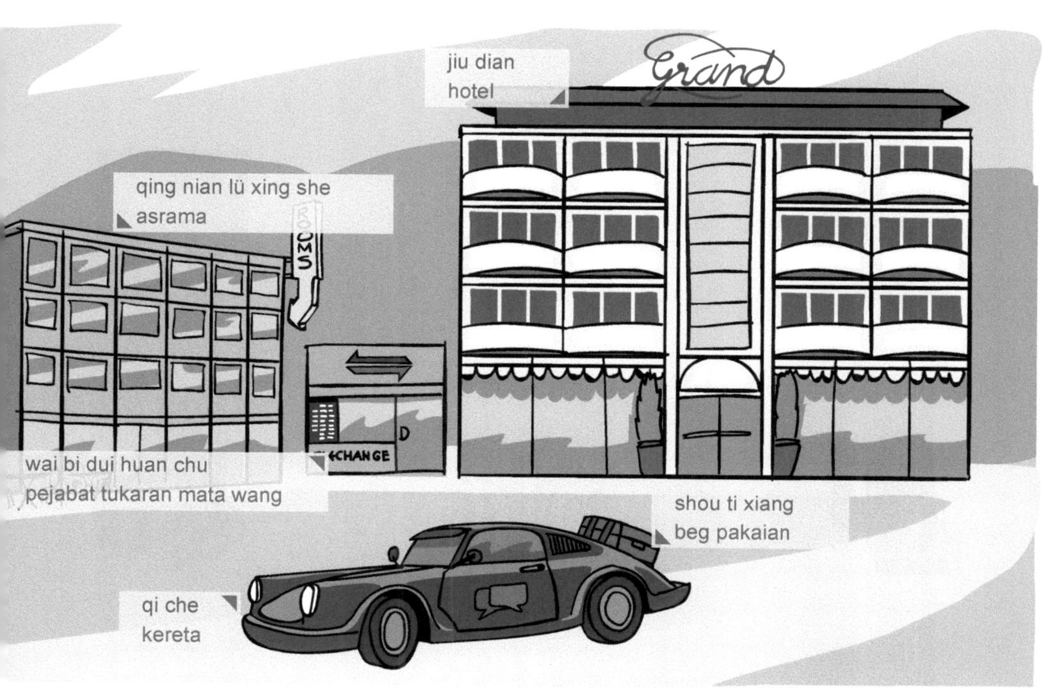
jiu dian
hotel
Grand
qing nian lü xing she
asrama
ROOMS
wai bi dui huan chu
pejabat tukaran mata wang
EXCHANGE
shou ti xiang
beg pakaian
qi che
kereta

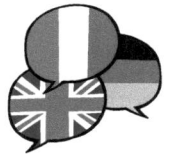

yu yan
bahasa

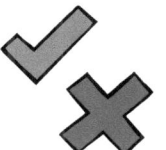

shi/fou
ya / tidak

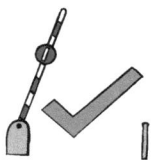

hao de
okey

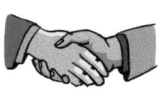

nin hao
helo

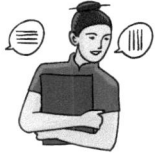

fan yi yuan
penterjemah

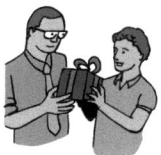

xie xie
Terima kasih

......duo shao qian?

berapa banyak...?

wo bu ming bai

saya tidak faham

wen ti

masalah

wan shang hao!

Selamat petang!

zao shang hao!

Selamat Pagi!

wan an!

Selamat Malam!

zai jian

selamat tinggal

fang xiang

arah

xing li

bagasi

bao

beg

shuang jian bao

beg galas

ke ren

tetamu

fang jian

bilik tidur

shui dai

beg tidur

zhang peng

khemah

lü xing - berjalan

lü you xin xi

maklumat pelancong

hai tan

pantai

xin yong ka

kad kredit

zao can

sarapan

wu can

makan tengah hari

wan can

makan malam

piao

tiket

dian ti

lif

you piao

setem

bian jie

sempadan

hai guan

kastam

da shi guan

kedutaan

qian zheng

visa

hu zhao

pasport

lü xing - berjalan

jiao tong yun shu
pengangkutan

fei ji
kapal terbang

chuan
kapal

xiao fang che
kereta bomba

gong jiao c
bas

ka che
trak

qi ting
motobot

zi xing che
basikal

qi che
kereta

bai du chuan

feri

xiao chuan

bot

mo tuo che

motosikal

jing che

kereta polis

sai che

kereta lumba

zu che

kereta sewa

pin che

berkongsi kereta

tuo che

trak tunda

la ji che

trak menolak

fa dong ji

motor

qi you

bahan api

jia you zhan

stesen minyak

jiao tong biao zhi

tanda trafik

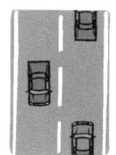

jiao tong

trafik

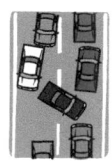

jiao tong du sai

kesesakan lalu lintas

ting che chang

tempat parkir

huo che zhan

stesen kereta api

gui dao

trek

huo che

kereta api

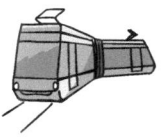

dian che

trem

huo che

gerabak

zhi sheng ji

helikopter

ji chang

lapangan terbang

ta

Menara

cheng ke

penumpang

ji zhuang xiang

bekas

zhi ban xiang

kadbod

shou tui che

kart

lan zi

bakul

qi fei/jiang luo

berlepas / mendarat

cheng shi

bandar

cun zhuang

kampung

shi zhong xin

pusat bandar

fang zi

rumah

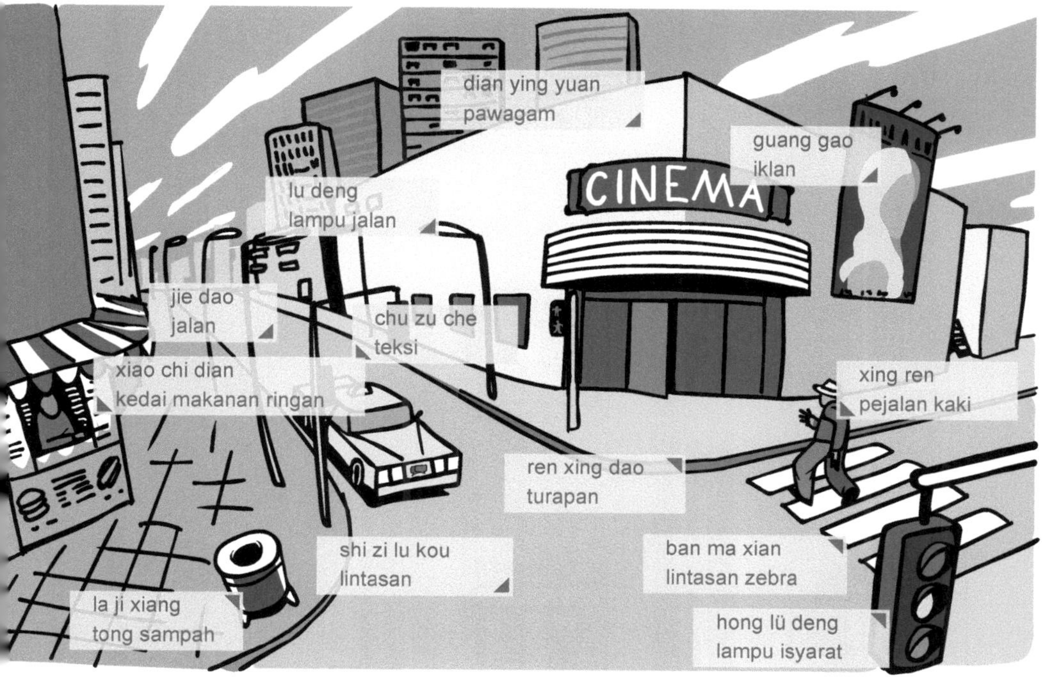

dian ying yuan
pawagam

guang gao
iklan

lu deng
lampu jalan

CINEMA

jie dao
jalan

chu zu che
teksi

xiao chi dian
kedai makanan ringan

xing ren
pejalan kaki

ren xing dao
turapan

shi zi lu kou
lintasan

ban ma xian
lintasan zebra

la ji xiang
tong sampah

hong lü deng
lampu isyarat

xiao wu

pondok

gong yu

flat

huo che zhan

stesen kereta api

shi zheng ting

dewan bandar

bo wu guan

muzium

xue xiao

sekolah

da xue

universiti

yin hang

bank

yi yuan

hospital

jiu dian

hotel

yao fang

farmasi

ban gong shi

pejabat

shu dian

kedai buku

shang dian

kedai

hua dian

kedai bunga

chao shi

pasar raya

shi chang

pasaran

bai huo shang dian

gedung

yu dian

penjual ikan

gou wu zhong xin

pusat membeli-belah

hai gang

pelabuhan

cheng shi - bandar

gong yuan

taman

chang deng

bangku

qiao

jambatan

lou ti

tangga

di tie

bawah tanah

sui dao

terowong

gong jiao che zhan

hentian bas

jiu ba

bar

can guan

restoran

you tong

peti surat

lu biao

papan tanda jalan

ting che ji shi qi

meter parkir

dong wu yuan

zoo

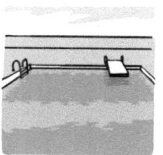

you yong guan

kolam renang

qing zhen si

masjid

nong chang

ladang

wu ran

pencemaran

mu di

tanah perkuburan

jiao tang

gereja

cao chang

taman permainan

si miao

kuil

di xing

landskap

shu ye
daun

zhi shi pai
tiang tanda

lu
jalan

cao di
padang rumput

shi tou
batu

shu
pokok

tu bu lü xing zhe
pejalan kaki

he
sungai

cao
rumput

hua
bunga

xia gu

lembah

shan

bukit

hu

tasik

sen lin

hutan

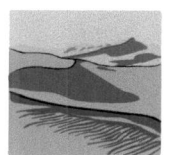

sha mo

padang pasir

huo shan

gunung berapi

cheng bao

istana

cai hong

pelangi

mo gu

cendawan

zong lü shu

pokok kelapa sawit

wen zi

nyamuk

cang ying

terbang

ma yi

semut

mi feng

lebah

zhi zhu

labah-labah

di xing - landskap

jia chong

kumbang

qing wa

katak

song shu

tupai

ci wei

landak

ye tu

arnab

mao tou ying

burung hantu

niao

burung

tian e

angsa

ye zhu

babi jantan

lu

rusa

mi lu

moose

shui ba

empangan

feng li fa dian ji

turbin angin

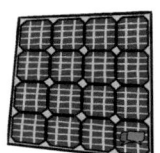

tai yang neng dian chi ban

panel solar

qi hou

iklim

can guan
restoran

fu wu yuan
pelayan
cai dan
menu
yi zi
kerusi
tang
sup
pi sa bing
piza
can ju
kutleri
zhuo bu
alas meja

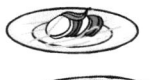

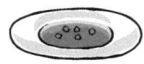

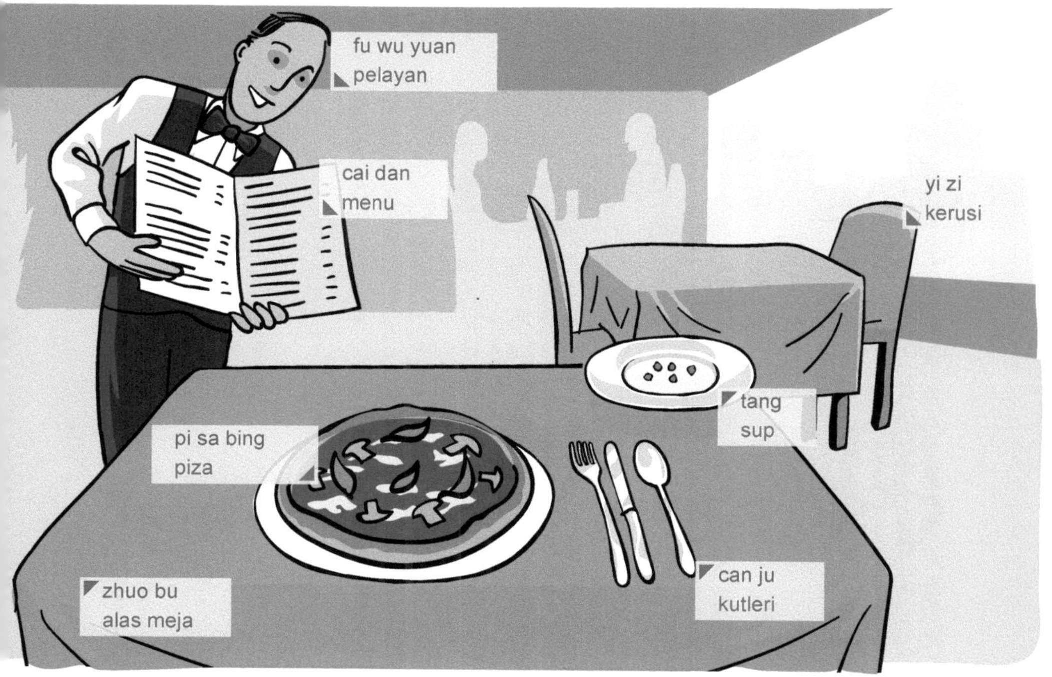

qian cai

pemula

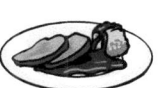

zhu cai

hidangan utama

tian dian

pencuci mulut

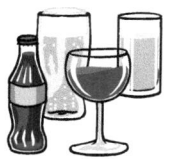

yin liao

minuman

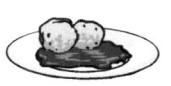

shi wu

makanan

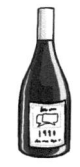

ping zi

botol

kuai can

makanan segera

jie bian xiao chi

makanan jalanan

cha hu

teko

tang he

mangkuk gula

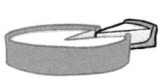

yi fen fan cai

bahagian

yi shi ka fei ji

mesin espreso

gao jiao yi

kerusi tinggi

zhang dan

bil

tuo pan

dulang

dao

pisau

can cha

garfu

shao zi

sudu

cha chi

sudu teh

can jin

serviette

bo li bei

gelas

can guan - restoran

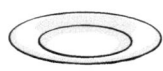

die zi

pinggan

tang pan

mangkuk sup

die zi

piring

jiang

sos

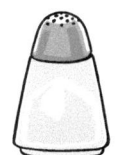

yan ping

tempat garam

hu jiao mo

pengisar lada

cu

cuka

shi yong you

minyak

tiao wei liao

rempah

fan qie jiang

sos

jie mo

mustard

dan huang jiang

mayones

chao shi

pasar raya

te jia
tawaran istimewa
gu ke
pelanggan
FOR
ru zhi pin
tenusu
shui guo
buah-buahan
gou wu che
troli

BUTCHERS

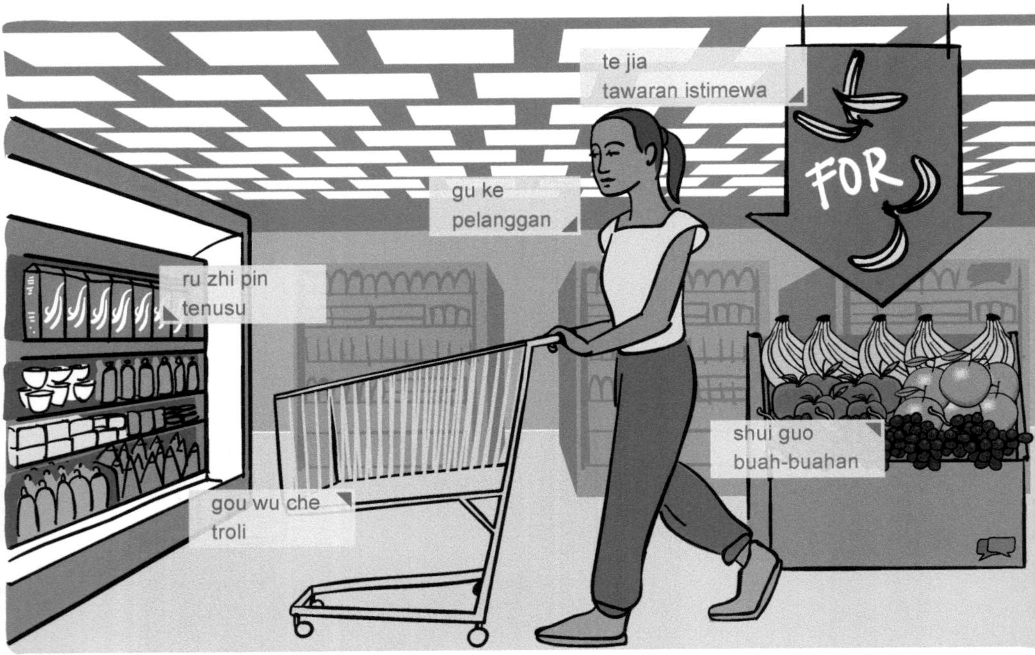

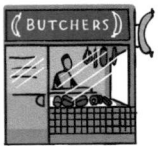

rou pu

tukang daging

BAKERY

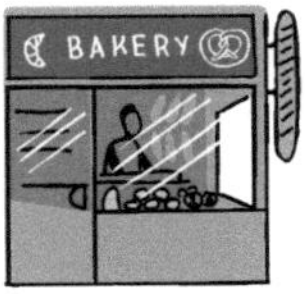

mian bao fang

kedai roti

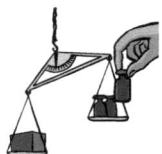

cheng zhong

berat

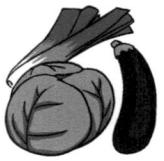

shu cai

sayur-sayuran

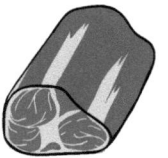

rou

daging

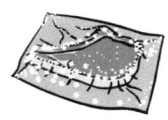

leng dong shi pin

makanan sejuk beku

leng pan

daging sejuk

guan tou shi pin

makanan dalam tin

xi yi fen

serbuk pencuci

tian shi

gula-gula

ri yong pin

produk isi rumah

qing jie yong pin

produk pembersihan

xiao shou yuan

orang jualan

shou yin ji

daftar tunai

shou yin yuan

juruwang

gou wu qing dan

senarai membeli-belah

kai fang shi jian

waktu pembukaan

qian bao

beg duit

xin yong ka

kad kredit

dai zi

beg

su liao dai

beg plastik

shui

air

guo zhi

jus

niu nai

susu

ke le

kola

hong jiu

wain

pi jiu

bir

jiu

alkohol

ke ke

koko

cha

the

ka fei

kopi

yi shi nong suo ka fei

espreso

ka bu qi nuo

kapucino

xiang jiao

pisang

ping guo

epal

cheng zi

oren

xi gua

tembikai

ning meng

lemon

hu luo bo

lobak merah

da suan

bawang putih

zhu zi

buluh

yang cong

bawang

mo gu

cendawan

jian guo

kacang

mian tiao

mi

yi da li mian tiao

spageti

mi fan

nasi

sha la

salad

shu tiao

kerepek

zha tu dou

kentang goreng

pi sa bing

piza

han bao bao

hamburger

san ming zhi

sandwic

zha zhu pai

kutlet

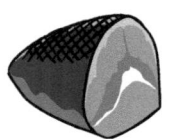

huo tui

ham

sa la mi

salami

xiang chang

sosej

ji rou

ayam

kao rou

panggang

yu

ikan

shi wu - makanan

yan mai pian

bubur oat

mu zi li

muesli

yu mi pian

emping jagung

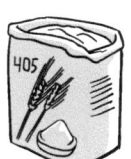

mian fen

tepung

yang jiao mian bao

kroisan

mian bao juan

roti roll

mian bao

roti

kao mian bao

roti bakar

bing gan

biskut

huang you

mentega

ning ru

dadih

dan gao

kek

dan

telur

jian dan

telur goreng

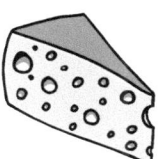

nai lao

keju

bing ji lin

ais krim

tang

gula

feng mi

madu

guo jiang

jem

qiao ke li jiang

krim nougat

ga li fan

kari

shi wu - makanan

nong chang
ladang

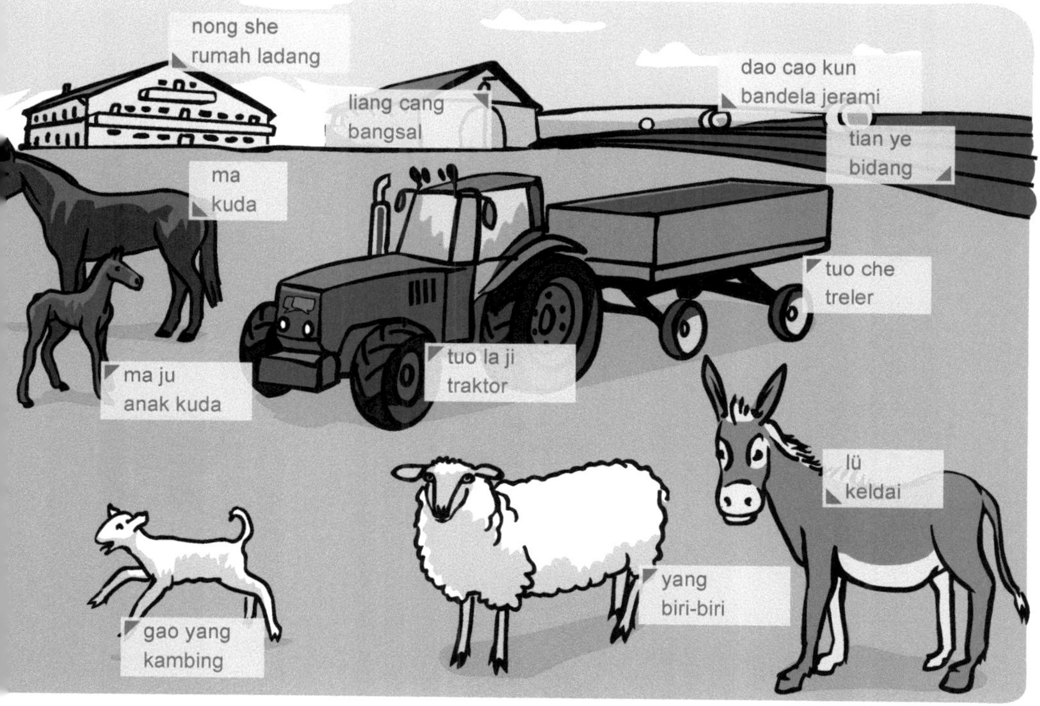

nong she
rumah ladang
liang cang
bangsal
dao cao kun
bandela jerami
tian ye
bidang
ma
kuda
tuo che
treler
ma ju
anak kuda
tuo la ji
traktor
lü
keldai
yang
biri-biri
gao yang
kambing

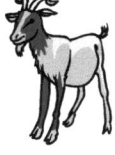

shan yang

kambing

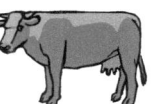

nai niu

lembu

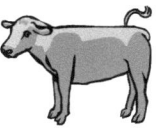

niu du

anak lembu

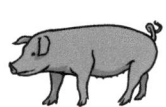

zhu

babi

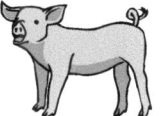

xiao zhu

anak babi

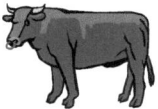

gong niu

lembu

e

angsa

ya

itik

xiao ji

anak ayam

mu ji

ayam betina

gong ji

ayam jantan muda

shu

tikus

mao

kucing

lao shu

tikus

niu

lembu jantan

gou

anjing

gou wu

rumah anjing

hua yuan jiao shui ruan guan

hos taman

sa shui hu

bekas siraman

chang bing da lian dao

sabit

li

bajak

lian dao

sabit

chu tou

cangkul

chang bing cao pa

serampang peladang

fu tou

kapak

du lun shou tui che

kereta sorong

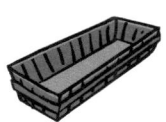

si liao cao

palung

niu nai guan

tin susu

ma bu dai

karung

zha lan

pagar

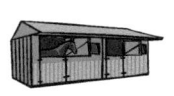

ma jiu

stabil

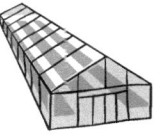

wen shi

rumah hijau

tu rang

tanah

zhong zi

benih

fei liao

baja

lian he shou ge ji

jentuai

nong chang - ladang

shou ge

tuai

shou ge

menuai

shan yao

keladi

xiao mai

gandum

da dou

soya

tu dou

kentang

yu mi

jagung

you cai zi

biji sawi

guo shu

pokok buah-buahan

shu shu

ubi kayu

gu wu

bijirin

nong chang - ladang

fang zi
rumah

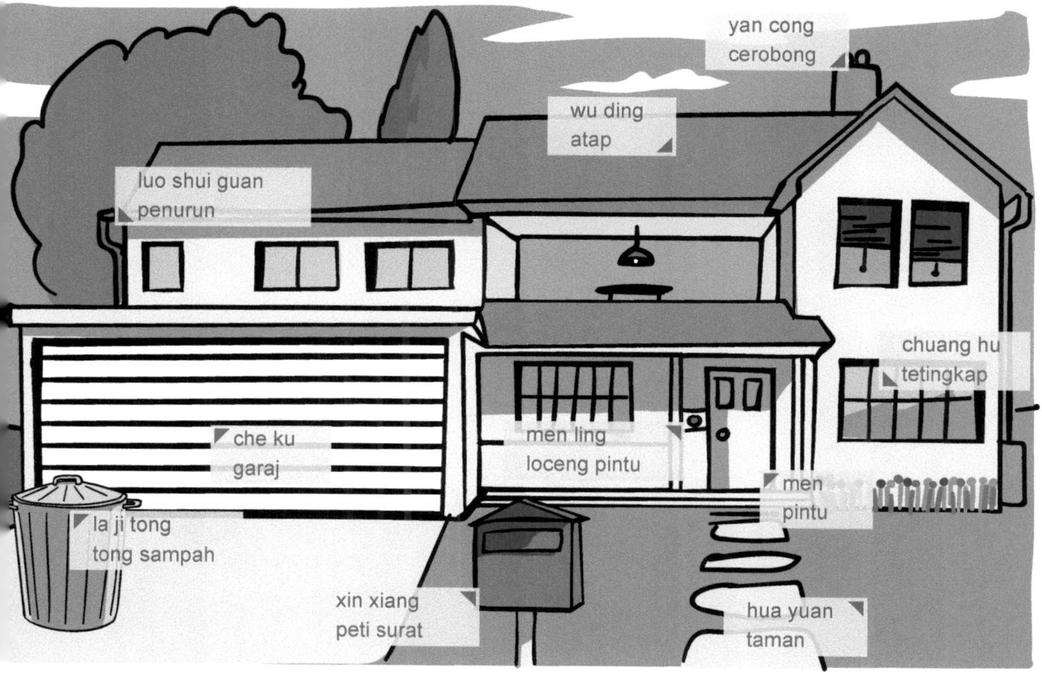

yan cong
cerobong
wu ding
atap
luo shui guan
penurun
chuang hu
tetingkap
che ku
garaj
men ling
loceng pintu
men
pintu
la ji tong
tong sampah
xin xiang
peti surat
hua yuan
taman

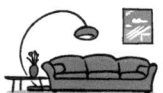

ke ting

ruang tamu

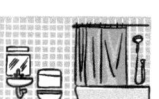

yu shi

bilik air

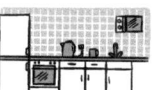

chu fang

dapur

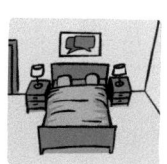

wo shi

bilik tidur

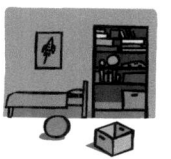

er tong fang

bilik kanak-kanak

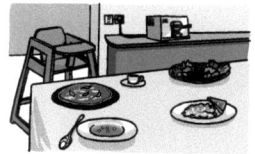

can ting

ruang makan

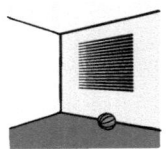

di ban

lantai

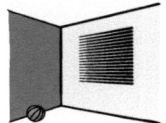

qiang bi

dinding

diao ding

siling

di jiao

bilik bawah tanah

sang na

sauna

yang tai

balkoni

lu tai

teres

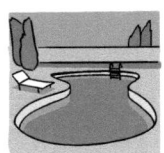

you yong chi

kolam renang

ge cao ji

pemotong rumput

bei dan

lembaran

chuang zhao

penutup tilam

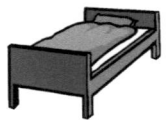

chuang

katil

sao zhou

penyapu

shui tong

timba

kai guan

suis

ke ting
ruang tamu

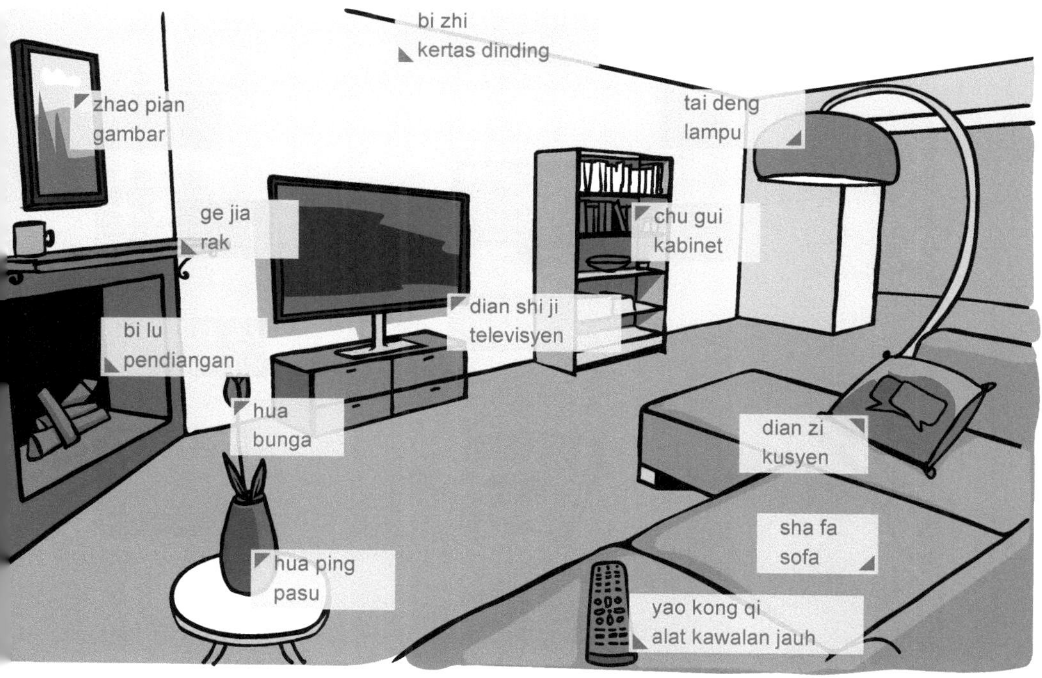
bi zhi
kertas dinding
zhao pian
gambar
tai deng
lampu
ge jia
rak
chu gui
kabinet
dian shi ji
televisyen
bi lu
pendiangan
hua
bunga
dian zi
kusyen
sha fa
sofa
hua ping
pasu
yao kong qi
alat kawalan jauh

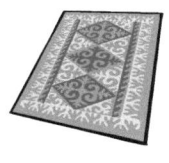

di tan
permaidani

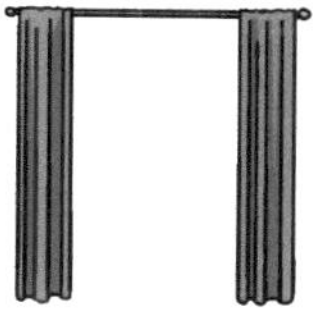

chuang lian
tirai

can zhuo
meja

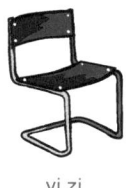

yi zi
kerusi

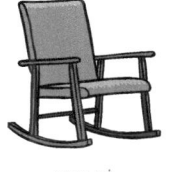

yao yi
kerusi malas

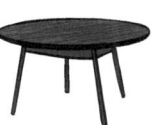

fu shou yi
kerusi

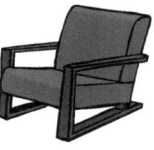

shu

buku

tan zi

selimut

zhuang shi pin

hiasan

mu chai

kayu api

dian ying

filem

gao bao zhen yin xiang

hi-fi

yao shi

kunci

bao zhi

akhbar

you hua

lukisan

hai bao

poster

shou yin ji

radio

bi ji ben

buku catatan

xi chen qi

penyedut habuk

xian ren zhang

kaktus

la zhu

lilin

chu fang
dapur

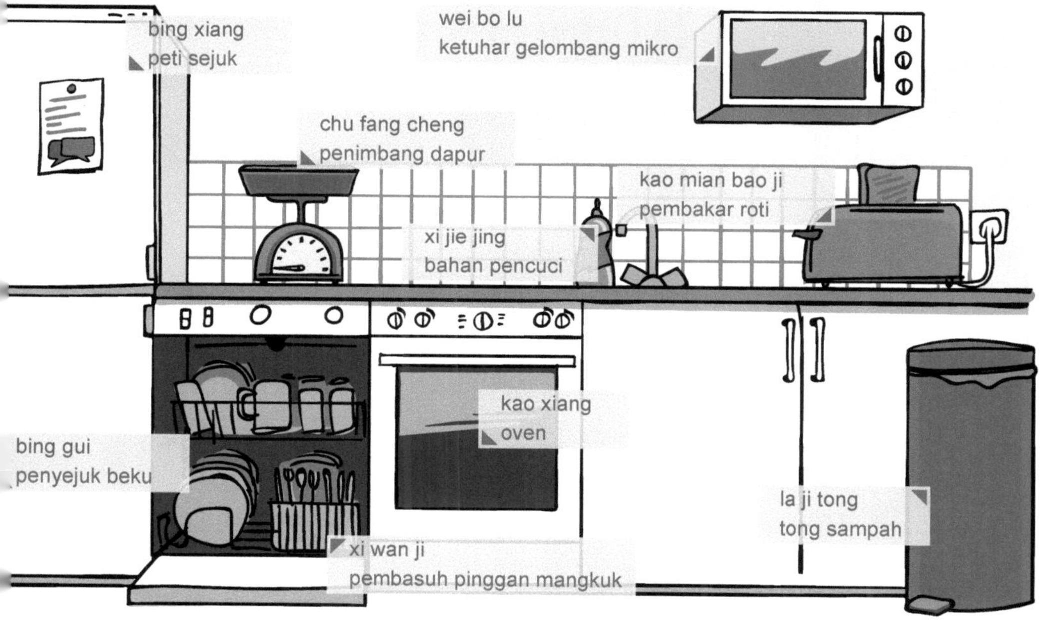

bing xiang
peti sejuk
wei bo lu
ketuhar gelombang mikro
chu fang cheng
penimbang dapur
kao mian bao ji
pembakar roti
xi jie jing
bahan pencuci
kao xiang
oven
bing gui
penyejuk beku
la ji tong
tong sampah
xi wan ji
pembasuh pinggan mangkuk

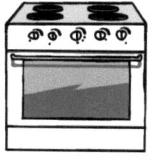

chui ju

periuk dapur

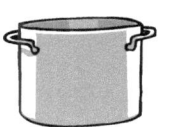

guo

periuk

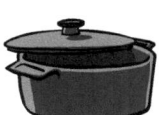

zhu tie guo

periuk besi

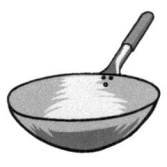

sha guo

kuali

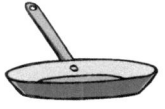

ping di guo

pan

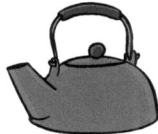

shui hu

cerek

zheng guo

pengukus

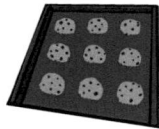

kao pan

dulang pembakar

tao ci guo

pinggan mangkuk

ma ke bei

koleh

wan

mangkuk

kuai zi

penyepit

chang bing shao

senduk

chan zi

spatula

jiao ban qi

pengadun

lü wang

penapis

shai zi

ayak

mo sui ji

pemarut

yan bo

mortar

shao kao

barbeku

ming huo

pembakaran terbuka

cai ban

papan pencincang

gan mian zhang

pin golekan

kai ping qi

skru gabus

guan zi

tin

kai ping qi

pembuka tin

ge re shou tao

pemegang periuk

shui cao

sinki

shua zi

berus

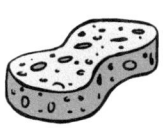

hai mian

span

jiao ban ji

pengisar

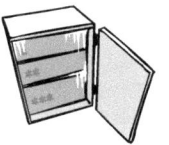

leng cang xiang

penyejuk beku

nai ping

botol bayi

shui long tou

paip

yu shi
bilik air

lin yu
mandi
gong nuan she bei
pemanasan
mao jin
tuala
yu lian
tirai mandi
pao mo yu
mandi buih
yu gang
tab mandi
bo li bei
gelas
xi yi ji
mesin basuh
shui long tou
paip
ci zhuan
jubin
bian hu
tandas
shui cao
sinki

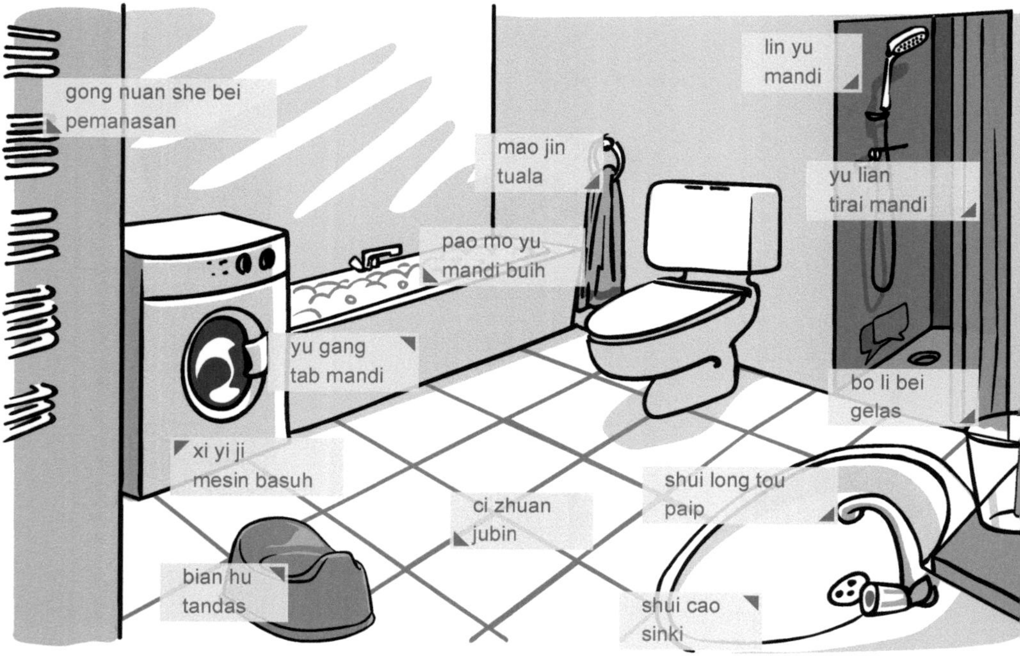

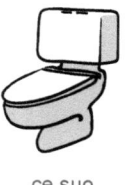

ce suo

tandas

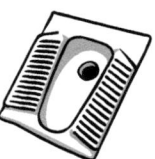

dun bian qi

tandas mencangkung

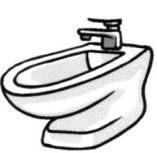

zuo yu qi

mangkuk tandas

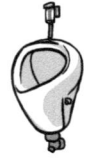

xiao bian chi

tandas awam

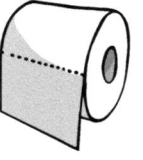

ce zhi

kertas tandas

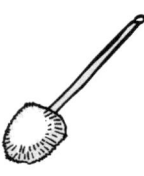

ma tong shua

berus tandas

ya shua

berus gigi

ya gao

ubat gigi

ya xian

flos gigi

xi

cuci

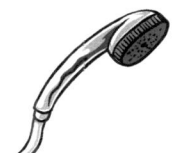

shou chi shi pen lin tou

mandian tangan

chong xi qi

pancuran

xi lian pen

besen

ca bei shua

belakang berus

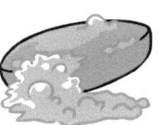

fei zao

sabun

mu yu lu

gel mandian

xi fa shui

syampu

fa lan rong

flanel

pai shui

longkang

ru shuang

krim

chu chou ji

deodoran

jing zi

cermin

shou jing

cermin tangan

ti xu dao

pisau cukur

ti xu pao mo

busa cukur

xu hou shui

selepas cukur

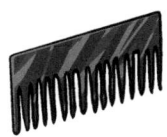

shu zi

sikat

shua zi

berus

chui feng ji

pengering rambut

pen fa ding xing ji

semburan rambut

hua zhuang pin

mekap

chun gao

gincu

zhi jia you

varnis kuku

hua zhuang mian

bulu kapas

zhi jia jian

gunting kuku

xiang shui

pewangi

xi shu bao

beg basuhan

deng zi

bangku

ji zhong cheng

skala berat

yu pao

jubah mandi

xiang jiao shou tao

sarung tangan getah

wei sheng mian tiao

kapas

wei sheng jin

tuala wanita

hua xue ce suo

tandas kimia

er tong fang

bilik kanak-kanak

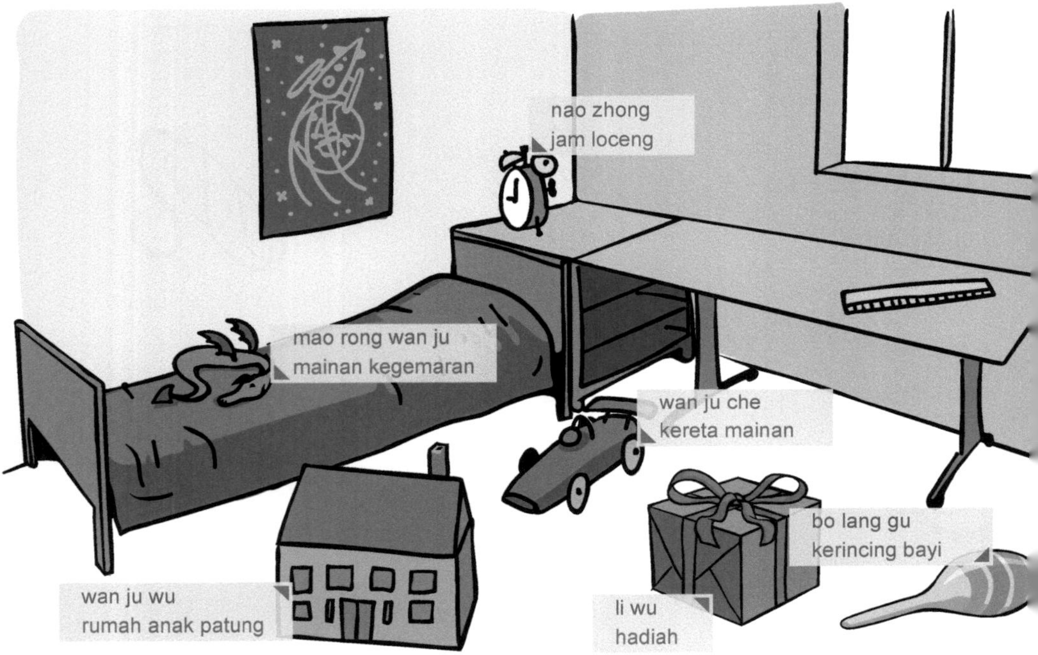

nao zhong
jam loceng
mao rong wan ju
mainan kegemaran
wan ju che
kereta mainan
bo lang gu
kerincing bayi
wan ju wu
rumah anak patung
li wu
hadiah

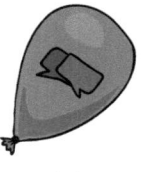

qi qiu

belon

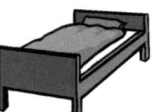

chuang

katil

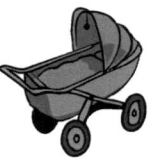

(yang wa wa yong)ying er che

kereta sorong bayi

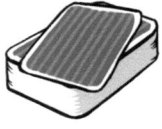

pu ke pai

set kad

pin tu

susun suai gambar

SUPER MEGA

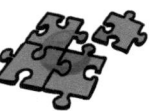

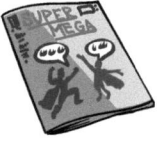

man hua

komik

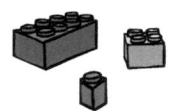

le gao ji mu

batu bata lego

ji mu wan ju

blok mainan

wan ju ren

figura aksi

ying er fu

baju bayi

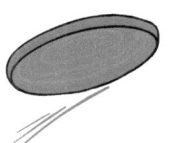

fei pan

frisbee

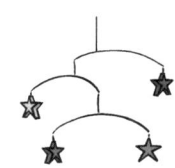

chuang ling wan ju

mainan bayi mudah alih

qi pan you xi

permainan papan

shai zi

dadu

huo che mo xing

set model kereta api

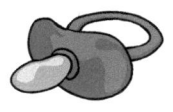

an fu nai zui

palsu

ju hui

parti

hui ben

buku bergambar

qiu

bola

yang wa wa

anak patung

wan

main

sha keng

lubang pasir

qiu qian

buai

wan ju

mainan

you xi ji

konsol permainan video

san lun che

basikal roda tiga

tai di xiong

anak patung beruang

yi chu

almari pakaian

yi fu

pakaian

wa zi

stoking

chang wa

stoking

jin shen ku

ketat

wei jin
skarf

yu san
payung

T xu
kemeja-t

eselamatan

xue zi
but

tuo xie
selipar

yun dong xie
kasut sukan

liang xie
sandal

xie
kasut

yu xue
but getah

nei ku
seluar dalam

xiong zhao
coli

bei xin
ves

yi fu - pakaian

shen ti

badan

ku zi

Seluar panjang

niu zai ku

jean

duan qun

skirt

nü shi chen shan

blaus

chen shan

kemeja

tao tou shan

baju panas sarung

wei yi

sweater

xi zhuang jia ke

blazer

jia ke

jaket

wai tao

kot

yu yi

baju hujan

tao zhuang

kostum

lian yi qun

pakaian

hun sha

baju pengantin

xi zhuang

sut

shui pao

baju tidur

shui yi

baju tidur

sha li

sari

tou jin

skarf kepala

bao tou jin

serban

bo ka

burqa

ka fu tan

kaftan

(a la bo shi)chang pao

abaya/jubah

yong yi

baju renang

nan shi yong ku

seluar renang

duan ku

seluar pendek

yun dong fu

sut balapan

wei qun

apron

shou tao

sarung tangan

niu kou

butang

yan jing

cermin mata

shou lian

gelang tangan

xiang lian

rantai leher

jie zhi

cincin

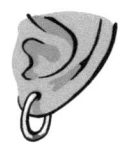

er huan

subang

bian mao

topi

yi jia

penyangkut kot

mao zi

topi

ling dai

tali leher

la lian

zip

tou kui

topi keledar

bei dai

pendakap

xiao fu

uniform sekolah

zhi fu

seragam

yi fu - pakaian

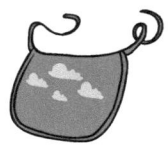

wei dou

lapik dada

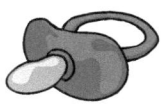

an fu nai zui

palsu

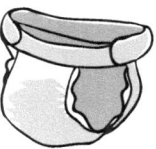

niao bu shi

lampin

ban gong shi
pejabat

fu wu qi
pelayan
wen jian gui
kabinet fail
da yin ji
mesin pencetak
zhi
kertas
xian shi ping
monitor
ban gong zhuo
meja
shu biao
tetikus
wen jian jia
folder
jian pan
papan kekunci
fei zhi kuang
bakul sampah
yi zi
kerusi
dian nao
komputer

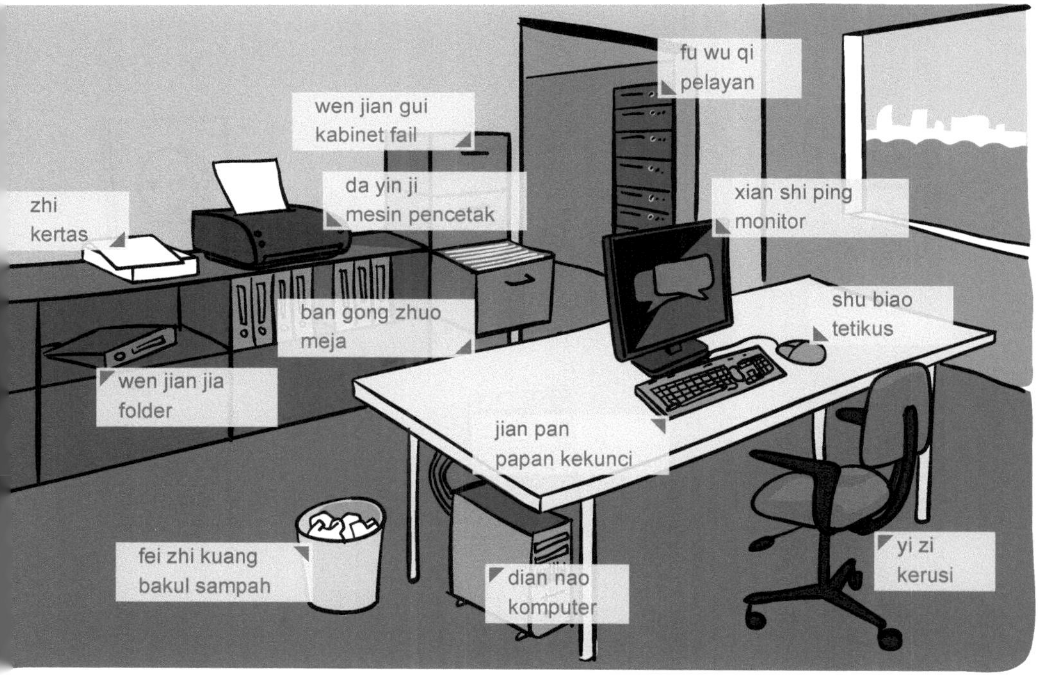

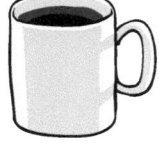

ka fei bei

cawan kopi

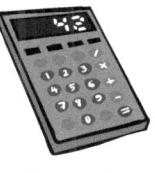

ji suan qi

kalkulator

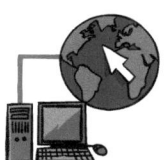

yin te wang

internet

bi ji ben dian nao

komputer riba

xin jian

surat

xiao xi

mesej

shou ji

mudah alih

wang luo

rangkaian

fu yin ji

mesin fotokopi

ruan jian

perisian

dian hua

telefon

cha zuo

soket plag

chuan zhen ji

mesin faks

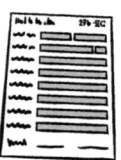

biao ge

bentuk

wen jian

dokumen

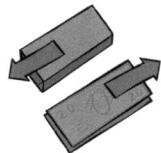

mai
beli

fu qian
bayar

jiao yi
berdagang

xian jin
wang

 **USD**

mei yuan
dolar

 **EUR**

ou yuan
euro

 **JPY**

ri yuan
yen

 **RUB**

lu bu
rubel

 **CHF**

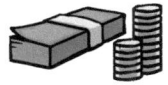

rui shi fa lang
franc swiss

 **CNY**

ren min bi
renminbi yuan

 **INR**

lu bi
rupee

ti kuan chu
mata tunai

wai bi dui huan chu

pejabat tukaran mata wang

jin

emas

yin

perak

shi you

minyak

neng yuan

tenaga

jia ge

harga

he tong

kontrak

shui jin

cukai

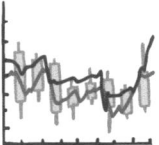

gu piao

stok

gong zuo

kerja

zhi yuan

pekerja

lao ban

majikan

gong chang

kilang

shang dian

kedai

zhi ye
pekerjaan

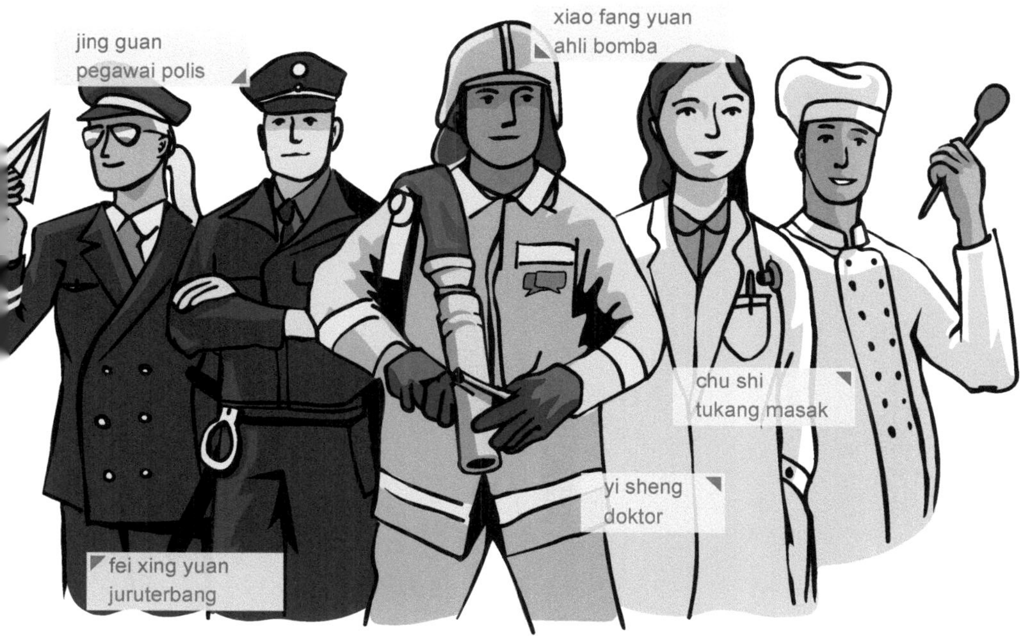
jing guan
pegawai polis
xiao fang yuan
ahli bomba
chu shi
tukang masak
yi sheng
doktor
fei xing yuan
juruterbang

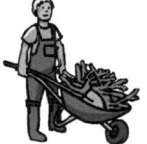

yuan ding

tukang kebun

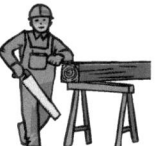

mu jiang

tukang kayu

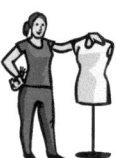

cai feng

tukang jahit

fa guan

hakim

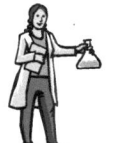

hua xue jia

ahli kimia

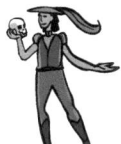

yan yuan

pelakon

gong jiao che si ji

pemandu bas

chu zu che si ji

pemandu teksi

yu fu

nelayan

qing jie nü gong

wanita pencuci

wu ding gong

kasau

fu wu yuan

pelayan

lie ren

pemburu

hua jia

pelukis

mian bao shi

bakeri

dian gong

juruelektrik

jian zhu gong ren

pembangun

gong cheng shi

jurutera

tu fu

penjual daging

shui guan gong

tukang paip

you di yuan

posmen

shi bing

askar

jian zhu shi

arkitek

shou yin yuan

juruwang

hua nong

kedai bunga

li fa shi

pendandan rambut

shou piao yuan

konduktor

ji xie shi

mekanik

chuan zhang

kapten

ya yi

doktor gigi

ke xue jia

ahli sains

la bi

tuhanku

yi ma mu

imam

he shang

sami

mu shi

paderi

zhi ye - pekerjaan

tie chui
tukul

qian zi
playar

luo si dao
pemutar skru

ban shou
sepana

shou dian tong
obor

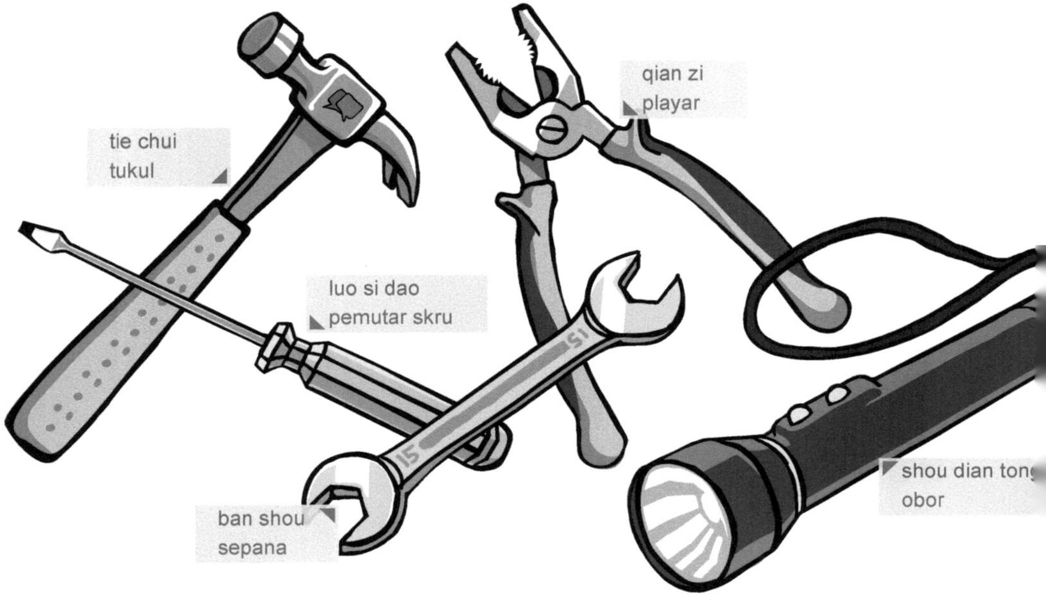

wa jue ji

pengorek

gong ju xiang

kotak peralatan

ti zi

tangga

ju zi

gergaji

ding zi

kuku

zuan ji

gerudi

gong ju - alat

xiu

baiki

chan zi

penyodok

kao!

Celaka!

bo ji

penadah sampah

you qi tong

periuk cat

luo si

skru

yue qi

alat muzik

yang sheng qi
pembesar suara

da ji yue qi
perangkat dram

di yin ti qin
bass berganda

xiao hao
trompet

ji ta
gitar

gang qin
piano

xiao ti qin
biola

bei si
bass

ding yin gu
timpani

gu
dram

dian zi qin
papan kekunci

sa ke si guan
saksofon

chang di
seruling

mai ke feng
mikrofon

dong wu yuan

zoo

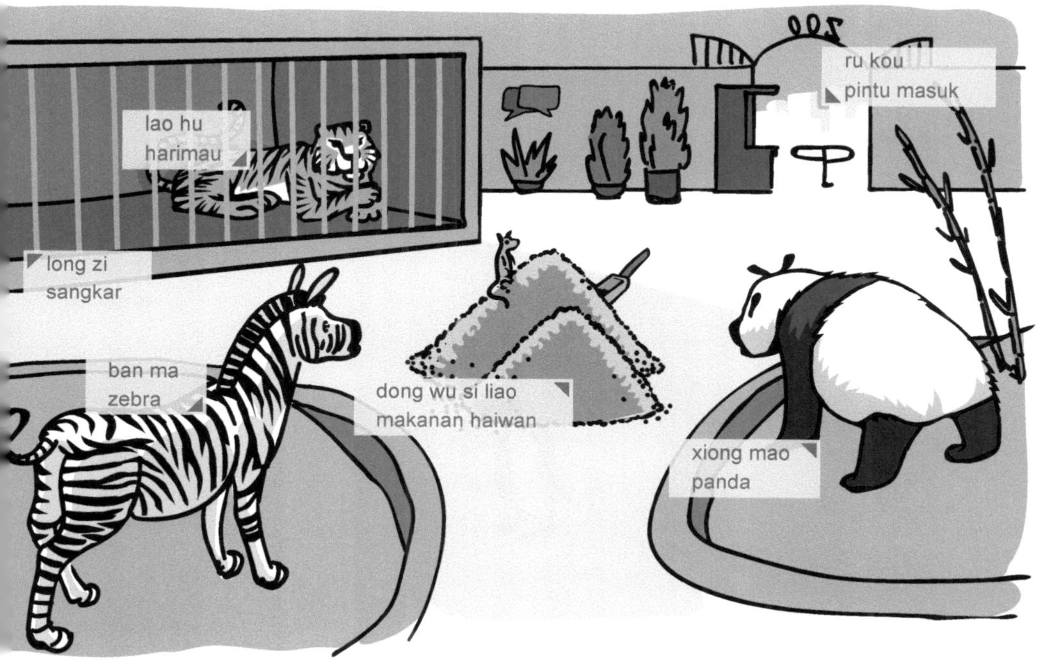

lao hu
harimau
ru kou
pintu masuk
long zi
sangkar
ban ma
zebra
dong wu si liao
makanan haiwan
xiong mao
panda

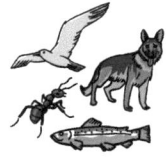

dong wu

haiwan

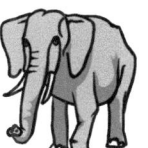

da xiang

gajah

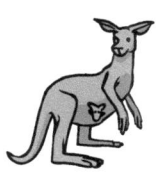

dai shu

kanggaru

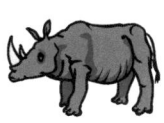

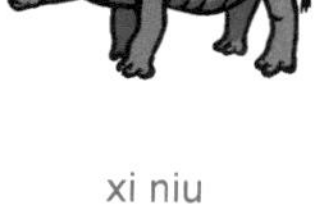

xi niu

badak sumbu

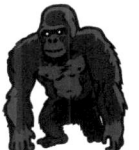

da xing xing

gorila

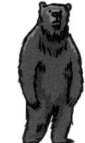

xiong

beruang

luo tuo

unta

tuo niao

burung unta

shi zi

singa

hou zi

monyet

huo lie niao

flamingo

ying wu

nuri

bei ji xiong

beruang kutub

qi e

penguin

sha yu

yu

kong que

merak

she

ular

e yu

buaya

dong wu yuan guan li yuan

penjaga zoo

hai bao

anjing laut

mei zhou bao

jaguar

ai zhong ma

kuda

bao

harimau

he ma

badak air

chang jing lu

zirafah

lao ying

helang

ye zhu

babi jantan

yu

ikan

gui

penyu

hai xiang

anjing laut

hu li

musang

ling yang

rusa

dong wu yuan - zoo

gan lan qiu
bola sepak Amerika

qi zi xing che
berbasikal

wang qiu
tenis

lan qiu
bola keranjang

you yong
renang

quan ji
tinju

bing qiu
hoki ais

ying shi zu qiu

bola sepak

yu mao qiu

badminton

tian jing

olahraga

shou qiu

bola baling

hua xue

ski

ma qiu

polo

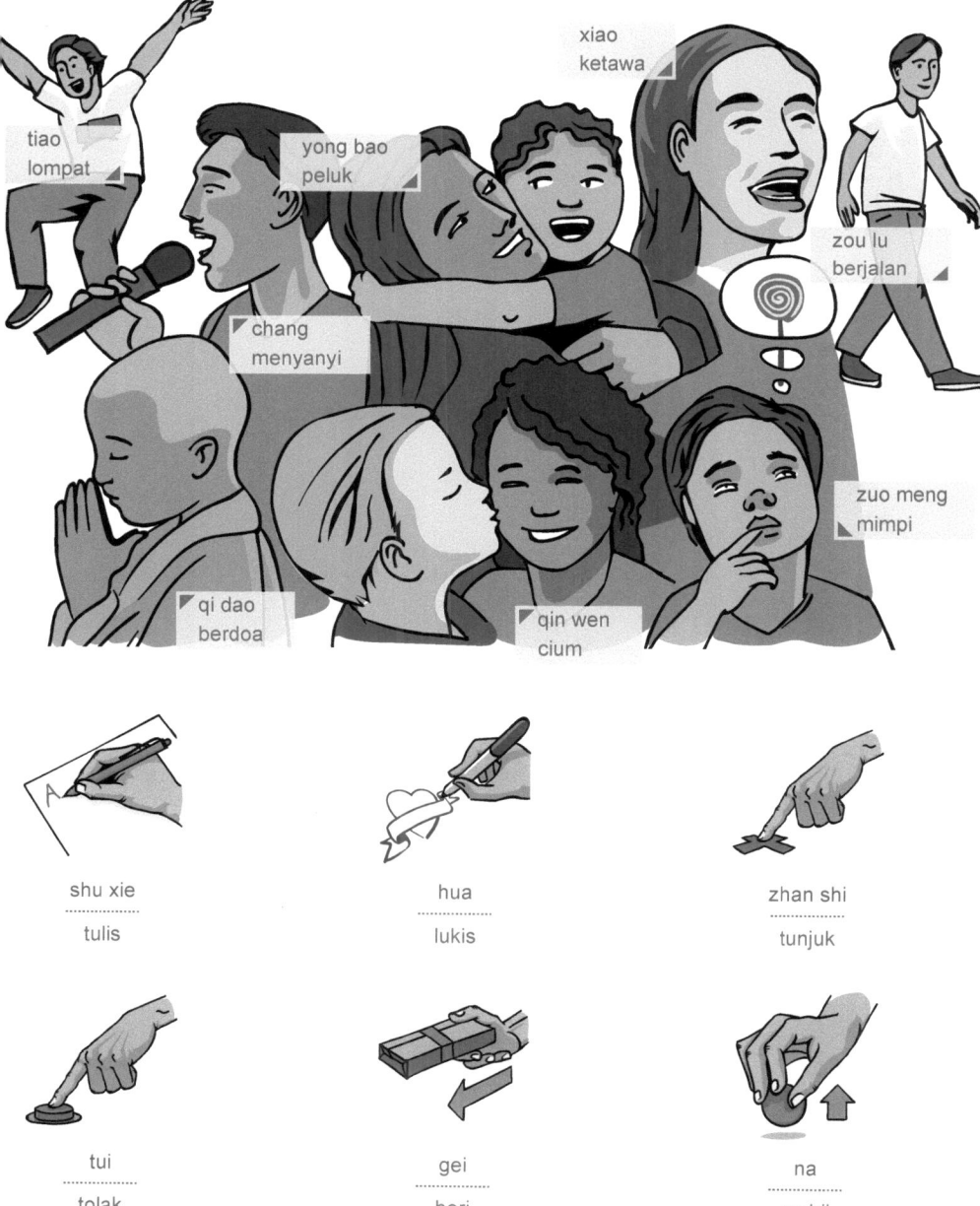

tiao
lompat

xiao
ketawa

yong bao
peluk

zou lu
berjalan

chang
menyanyi

zuo meng
mimpi

qi dao
berdoa

qin wen
cium

shu xie
tulis

hua
lukis

zhan shi
tunjuk

tui
tolak

gei
beri

na
ambil

you
ada

zuo
buat

dang
ialah

zhan
berdiri

pao
lari

la
tarik

reng
buang

shuai dao
jatuh

tang
tipu

deng dai
tunggu

xie dai
bawa

zuo
duduk

chuan yi
pakai

shui jiao
tidur

xing lai
bangkit

kan

lihat pada

ku

menangis

fu mo

strok

shu tou

sikat

jiao tan

cakap

ming bai

faham

wen

tanya

ting

dengar

he

minum

chi

makan

qing li

mengemas

ai

sayang

zuo fan

masak

kai che

pandu

fei

terbang

hang xing

belayar

ji suan

kira

du

baca

xue xi

belajar

gong zuo

kerja

jie hun

nikah

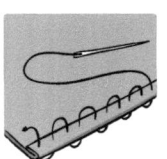

feng

jahit

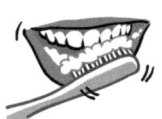

shua ya

memberus gigi

sha

bunuh

chou yan

asap

ji

hantar

zu mu
nenek

zu fu
datuk

fu qin
bapa

mu qin
ibu

ying tong
bayi

nü er
anak perempuan

er zi
anak lelaki

ke ren

tetamu

a yi

mak cik

shu shu

pak cik

xiong di

abang

jie mei

kakak

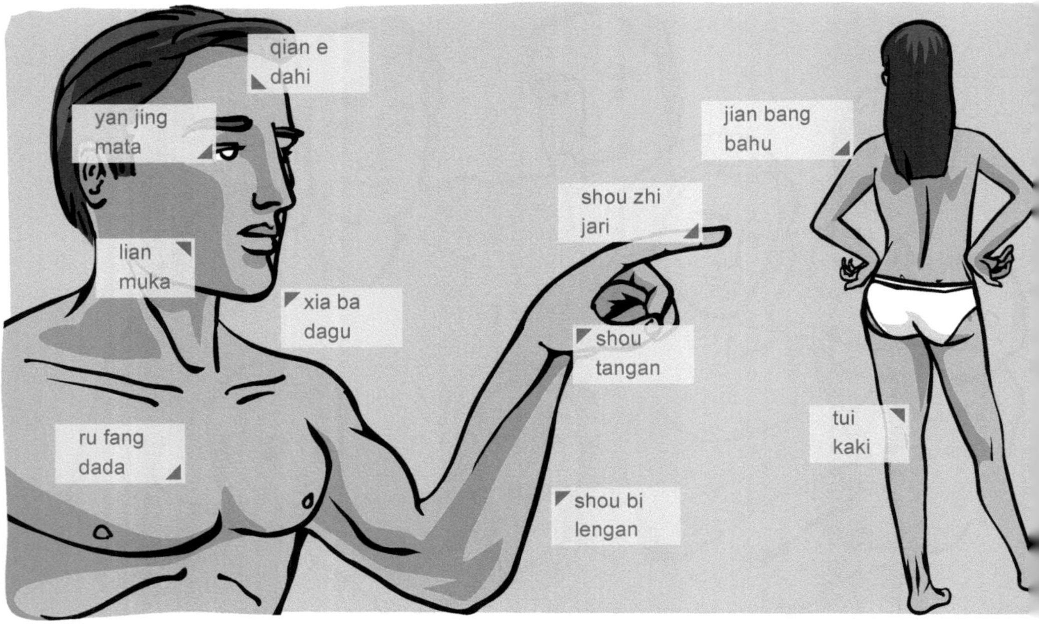

qian e
dahi

yan jing
mata

jian bang
bahu

shou zhi
jari

lian
muka

xia ba
dagu

shou
tangan

ru fang
dada

tui
kaki

shou bi
lengan

ying tong
bayi

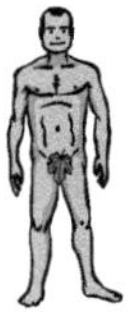

nan ren
lelaki

nü ren
wanita

nü hai
perempuan

nan hai
lelaki

tou
kepala

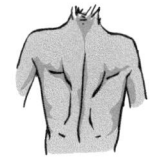

bei bu

belakang

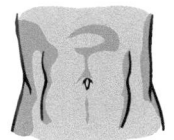

du zi

bawah perut

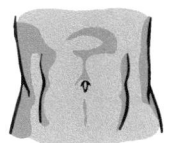

du qi

pusat

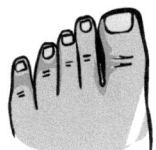

jiao zhi

jari kaki

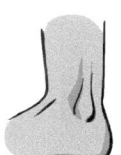

jiao hou gen

tumit

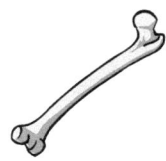

gu tou

tulang

tun bu

pinggul

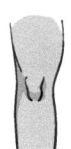

xi gai

lutut

shou zhou

siku

bi zi

hidung

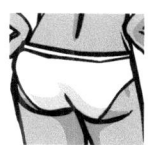

pi gu

bawah

pi fu

kulit

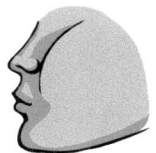

lian jia

pipi

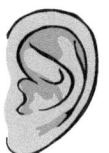

er duo

telinga

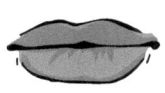

zui chun

bibir

shen ti - badan

zui

mulut

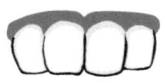

ya chi

gigi

she tou

lidah

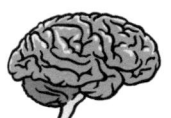

nao

otak

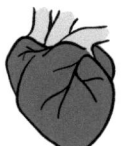

xin zang

hati

ji rou

otot

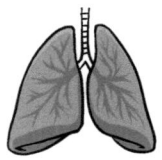

fei

paru-paru

gan zang

hati

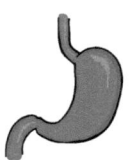

wei

perut

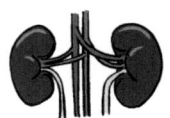

shen zang

buah pinggang

xing jiao

seks

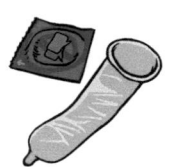

bi yun tao

kondom

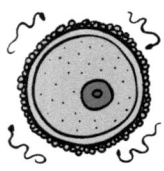

luan zi

faraj

jing zi

mani

huai yun

mengandung

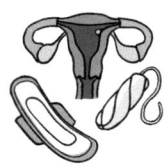

yue jing

haid

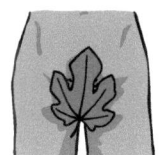

yin dao

faraj

yin jing

penis

mei mao

kening

tou fa

rambut

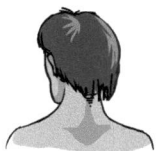

bo zi

leher

yi yuan
hospital

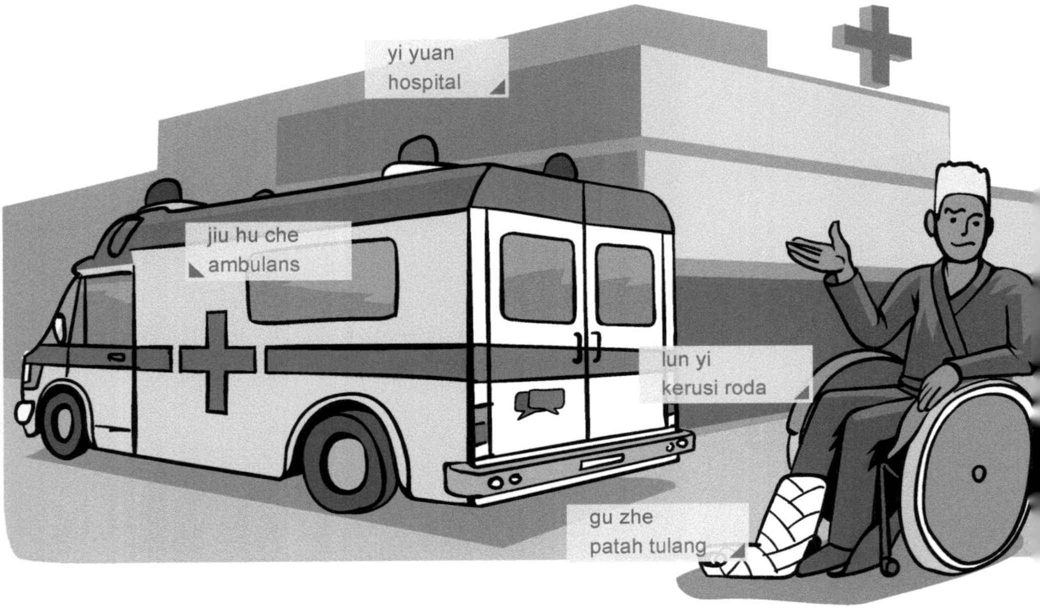

yi yuan
hospital
jiu hu che
ambulans
lun yi
kerusi roda
gu zhe
patah tulang

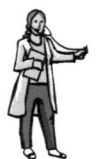

yi sheng

doktor

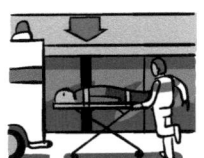

ji zhen shi

bilik kecemasan

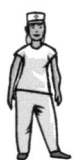

hu shi

jururawat

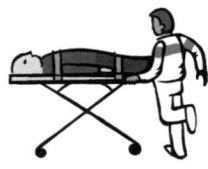

jin ji qing kuang

kecemasan

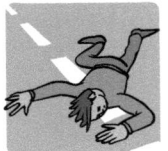

hun mi

tak sedar

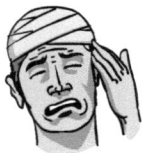

tong

sakit

shou shang

kecederaan

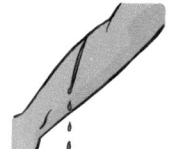

chu xue

pendarahan

xin zang bing fa zuo

serangan jantung

zhong feng

strok

guo min

alergi

ke sou

batuk

fa shao

demam

liu gan

selesema

fu xie

cirit-birit

tou tong

sakit kepala

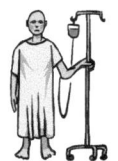

ai zheng

kanser

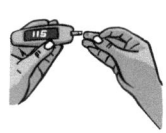

tang niao bing

diabetes

wai ke yi sheng

pakar bedah

shou shu dao

pisau bedah

shou shu

pembedahan

CT

CT

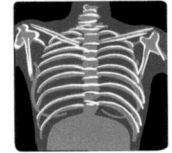

X guang

x-ray

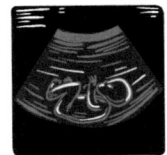

chao sheng bo

ultrabunyi

kou zhao

topeng muka

ji bing

penyakit

hou zhen shi

bilik menunggu

guai zhang

penongkat

shi gao

plaster

beng dai

pembalut

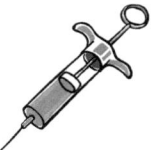

zhu she

suntikan

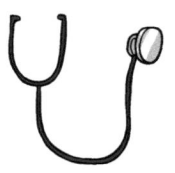

ting zhen qi

stetoskop

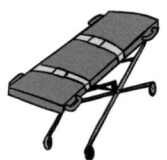

dan jia

pengusung

ti wen ji

termometer klinik

chu sheng

kelahiran

chao zhong

berat badan berlebihan

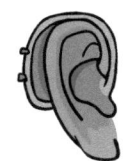

zhu ting qi

alat pendengaran

xiao du ye

disinfektan

gan ran

jangkitan

bing du

virus

ai zi bing

HIV / AIDS

yao wu

perubatan

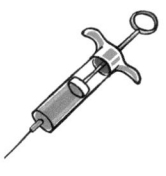

jie zhong yi miao

vaksinasi

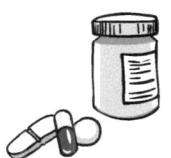

yao pian

tablet

yao wan

pil

ji jiu dian hua

anggilan kecemasan

xue ya ji

pantau tekanan darah

sheng bing/jian kang

sakit / sihat

jiu ming!

Tolong!

jing bao

penggera

tu ji

serang

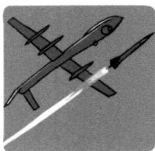

gong ji

serangan

wei xian

bahaya

jin ji chu kou

pintu kecemasan

zhao huo la!

Api!

mie huo qi

alat pemadam api

yi wai

kemalangan

ji jiu xiang

alat pertolongan cemas

hu jiu xin hao

SOS

jing cha

polis

ou zhou

Eropah

bei mei zhou

Amerika Utara

nan mei zhou

Amerika Selatan

fei zhou

Afrika

ya zhou

Asia

ao zhou

Australia

da xi yang

Atlantic

tai ping yang

Pasifik

yin du yang

Lautan Hindi

nan bing yang

Lautan Antartik

bei bing yang

Lautan Artik

bei ji

Kutub utara

nan ji

Kutub Selatan

nan ji zhou

Antartika

di qiu

bumi

lu di

tanah

hai

laut

dao

pulau

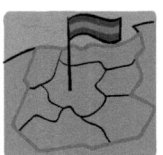

guo jia

negara

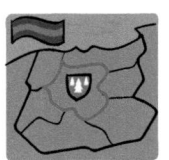

guo jia

negeri

zhong mian

muka jam

shi zhen

tangan jam

fen zhen

tangan minit

miao zhen

terpakai

xian zai ji dian?

Jam berapa sekarang

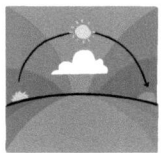

tian

hari

shi jian

masa

xian zai

sekarang

dian zi biao

jam digital

fen

minit

shi

jam

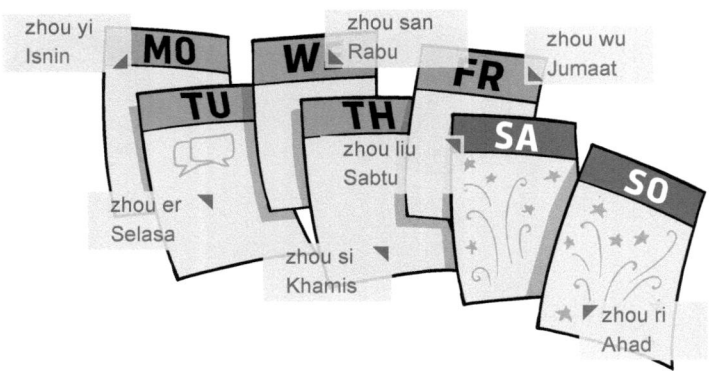

zhou yi — Isnin
zhou er — Selasa
zhou san — Rabu
zhou si — Khamis
zhou wu — Jumaat
zhou liu — Sabtu
zhou ri — Ahad

zuo tian
semalam

jin tian
hari ini

ming tian
esok

zao chen
pagi

zhong wu
tengah hari

wan shang
petang

gong zuo ri
hari kerja

zhou mo
hari minggu

nian

tahun

yu
hujan
cai hong
pelangi
feng
angin
xue
salji
chun
musim bunga
qiu
musim luruh
xia
musim panas
dong
musim salji

4.APRIL 11°
5.APRIL 4°
6.APRIL 13°
7.APRIL 8°
8.APRIL 10°

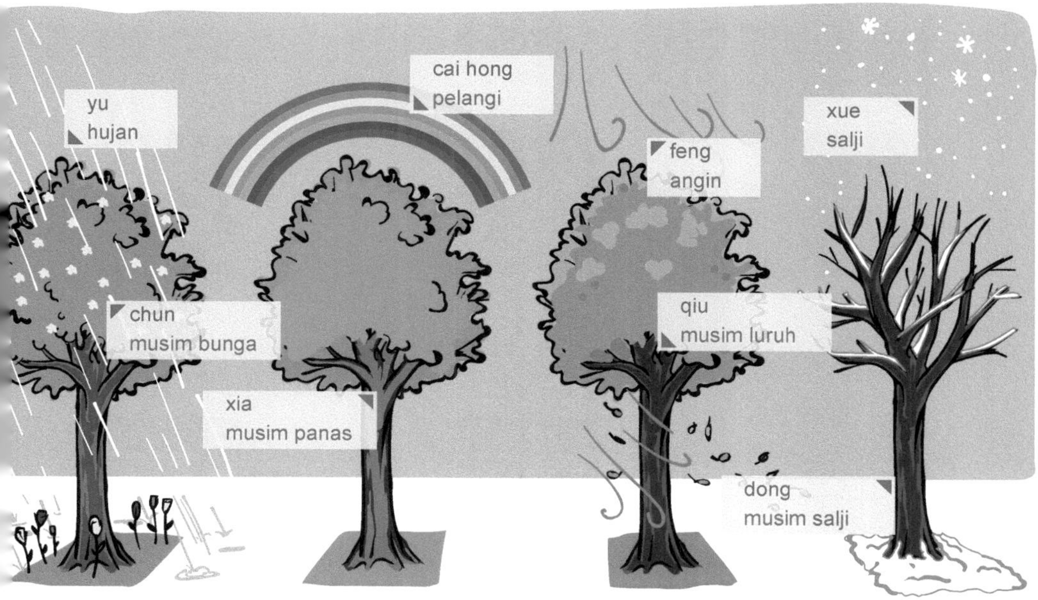

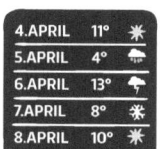

tian qi yu bao

ramalan cuaca

F
C
120
90
60
30
0
-30
40
30
20
10
0
-10
-20

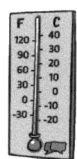

wen du ji

termometer

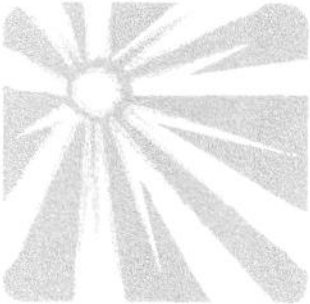

yang guang

sinar matahari

yun

awan

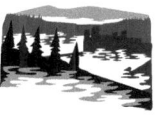

wu

kabus

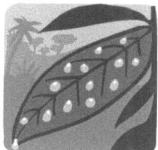

chao shi

lembapan

shan dian

kilat

da lei

petir

feng bao

ribut

bing bao

hujan batu

ji feng

monsun

hong shui

banjir

bing

ais

yi yue

Januari

er yue

Februari

san yue

Mac

si yue

April

wu yue

Mei

liu yue

Jun

qi yue

Julai

ba yue

Ogos

nian - tahun

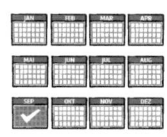

jiu yue

September

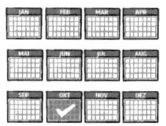

shi yue

Oktober

shi yi yue

November

shi er yue

Disember

xing zhuang
bentuk

yuan xing

bulatan

zheng fang xing

petak

chang fang xing

segi empat tepat

san jiao xing

segitiga

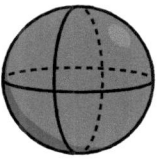

qiu ti

sfera

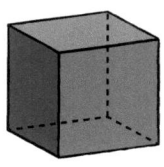

li fang ti

kiub

bai
putih

huang
kuning

cheng
oren

fen
merah jambu

hong
merah

zi
ungu

lan
biru

lü
hijau

zong
coklat

hui
kelabu

hei
hitam

hen duo/shao xu

banyak / sedikit

sheng qi/ping jing

marah / tenang

mei/chou

cantik / hodoh

shou/wei

bermula / tamat

da/xiao

besar kecil

ming/an

terang / gelap

xiong di/jie mei

abang / kakak

gan jing/ang zang

bersih / kotor

wan zheng/que shi

lengkap / tidak lengkap

bai tian/wan shang

hari / malam

si/sheng

mati / hidup

kuan/zhai

luas / sempit

ke shi yong/fei shi yong

boleh dimakan / tidak boleh dimakan

xie e/shan liang

jahat / baik

xing fen/wu liao

teruja / bosan

pang/shou

gemuk / kurus

di yi/zui hou

pertama / terakhir

peng you/di ren

kawan / musuh

man/kong

penuh / kosong

ying/ruan

keras / lembut

zhong/qing

berat / ringan

e/ke

lapar / dahaga

sheng bing/jian kang

sakit / sihat

fei fa/he fa

menyalahi undang-undang / undang-undang

cong ming/yu ben

pintar / bodoh

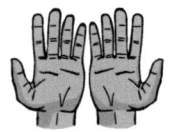

zuo/you

kiri / kanan

jin/yuan

dekat / jauh

fan yi ci - berlawanan

xin/jiu

baru / lama

mei you/you xie

tiada / sesuatu

lao/you

tua / muda

kai/guan

hidup / mati

da kai/he shang

terbuka / tertutup

an jing/chao nao

diam / bising

fu/qiong

kaya / miskin

dui/cuo

betul / salah

cu cao/guang hua

kasar / halus

shang xin/gao xing

sedih / gembira

duan/chang

pendek / panjang

man/kuai

lambat / laju

shi/gan

basah / kering

wen nuan/liang shuang

panas / sejuk

zhan zheng/he ping

berperang / berdamai

fan yi ci - berlawanan

0	**1**	**2**
ling	yi	er
sifar	satu	dua

3	**4**	**5**
san	si	wu
tiga	empat	lima

6	**7**	**8**
liu	qi	ba
enam	tujuh	lapan

9	**10**	**11**
jiu	shi	shi yi
sembilan	sepuluh	sebelas

12

shi er

dua belas

13

shi san

tiga belas

14

shi si

empat belas

15

shi wu

lima belas

16

shi liu

enam belas

17

shi qi

tujuh belas

18

shi ba

lapan belas

19

shi jiu

Sembilan belas

20

er shi

dua puluh

100

bai

ratus

1.000

qian

ribu

1.000.000

bai wan

juta

ying yu

Bahasa Inggeris

mei shi ying yu

Bahasa Inggeris Amerika

pu tong hua

Bahasa Cina Mandarin

yin di yu

Bahasa Hindi

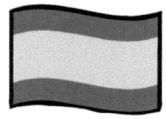

xi ban ya yu

Bahasa Sepanyol

fa yu

Bahasa Perancis

a la bo yu

Bahasa Arab

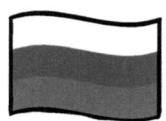

e yu

Bahasa Rusia

pu tao ya yu

Bahasa Portugis

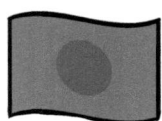

feng jia la yu

Bahasa Benggali

de yu

Bahasa Jerman

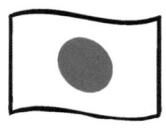

ri yu

Bahasa Jepun

wo

saya

ni

anda

ta/ta/ta

dia / dia / ia

wo men

kita

ni men

anda

ta men

mereka

shei?

siapa?

shen me?

apa?

zen yang?

bagaimana?

na li?

di mana?

shen me shi hou?

bila?

ming zi

nama

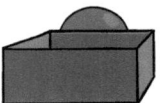

hou mian

belakang

li mian

dalam

qian mian

di hadapan

shang fang

lebih

shang mian

pada

xia mian

di bawah

pang bian

bersebelahan

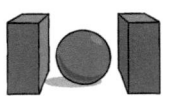

zhong jian

antara

di dian

tempat